Precept Topic pages

Precept Topic pages

Scripture Precepts Subject: ____________________

Scripture Precepts Subject: ______________________________

Scripture Precepts Subject: ____________________________

Scripture Precepts Subject: ______________________________

Scripture Precepts Subject: ______________________________

Scripture Precepts Subject: ______________________________

Scripture Precepts Subject: ______________________________

Scripture Precepts Subject: ______________________

Scripture Precepts Subject: ______________________________

Scripture Precepts Subject: ______________________________

Scripture Precepts Subject: ______________________________

Scripture Precepts Subject: ______________________________

Scripture Precepts Subject: ______________________________

Scripture Precepts Subject: ______________________________

Scripture Precepts Subject: ______________________

Scripture Precepts Subject: ______________________________

Scripture Precepts Subject: ______________________________

Scripture Precepts Subject: ______________________________

Scripture Precepts Subject: ______________________________

Scripture Precepts Subject: ______________________________

Scripture Precepts Subject: ______________________________

Scripture Precepts Subject: ______________________________

Scripture Precepts Subject: ______________________________

Scripture Precepts Subject: ______________________________

Scripture Precepts Subject: ___________________________

Scripture Precepts Subject: ______________________________

Scripture Precepts Subject: ______________________________

Scripture Precepts Subject: ______________________________

Scripture Precepts Subject: ______________________________

Scripture Precepts Subject: ______________________________

Scripture Precepts Subject: ______________________________

Scripture Precepts Subject: ______________________________

Scripture Precepts Subject: ______________________________

Scripture Precepts Subject: ______________________________

Scripture Precepts Subject: ______________________________

Scripture Precepts Subject: ______________________________

Scripture Precepts Subject: ______________________________

Scripture Precepts Subject: ____________________________

Scripture Precepts Subject: ______________________________

Scripture Precepts Subject: ______________________________

Scripture Precepts Subject: ______________________

Scripture Precepts Subject: ______________________________

Scripture Precepts Subject: ______________________________

Scripture Precepts Subject: ______________________

Scripture Precepts Subject: ______________________

Scripture Precepts Subject: ______________________

Scripture Precepts Subject: ______________________________

Scripture Precepts Subject: ______________________________

Scripture Precepts Subject: ______________________________

Scripture Precepts Subject: ______________________________

Scripture Precepts Subject: ______________________________

Scripture Precepts Subject: ______________________________

Scripture Precepts Subject: ______________________________

Scripture Precepts Subject: ______________________________

Scripture Precepts Subject: ______________________________

Scripture Precepts Subject: ______________________________

Scripture Precepts Subject: ______________________________

Scripture Precepts Subject: ______________________________

Scripture Precepts Subject: ______________________________

Scripture Precepts Subject: ______________________________

Scripture Precepts Subject: ______________________________

Scripture Precepts Subject: ______________________

Scripture Precepts Subject: ______________________________

Scripture Precepts Subject: ____________________

Scripture Precepts Subject: ______________________________

Scripture Precepts Subject: ______________________

Scripture Precepts Subject: ___________________________

Scripture Precepts Subject: ______________________

Scripture Precepts Subject: ______________________________

Scripture Precepts Subject: ______________________________

Scripture Precepts Subject: ______________________________

Scripture Precepts Subject: ______________________________

Scripture Precepts Subject: ______________________________

Scripture Precepts Subject: ______________________________

Scripture Precepts Subject: ______________________________

Scripture Precepts Subject: ______________________________

Scripture Precepts Subject: ______________________________

Scripture Precepts Subject: ___________________________

Scripture Precepts Subject: ______________________________

Scripture Precepts Subject: ______________________________

Scripture Precepts Subject: ______________________________

Scripture Precepts Subject: ______________________________

Scripture Precepts Subject: ______________________________

Scripture Precepts Subject: ______________________________

Scripture Precepts Subject: ___________________________

Scripture Precepts Subject: ______________________

Scripture Precepts Subject: ________________________

Scripture Precepts Subject: ______________________________

Scripture Precepts Subject: ______________________________

Scripture Precepts Subject: ______________________________

Scripture Precepts Subject: ______________________________

Scripture Precepts Subject: ______________________________

Scripture Precepts Subject: ______________________________

Scripture Precepts Subject: ______________________________

Scripture Precepts Subject: ______________________

Scripture Precepts Subject: ____________________

Scripture Precepts Subject: ___________________________

Scripture Precepts Subject: ______________________________

Scripture Precepts Subject: ______________________________

Scripture Precepts Subject: ______________________________

Scripture Precepts Subject: ______________________________

Scripture Precepts Subject: ______________________________

Scripture Precepts Subject: ______________________________

Scripture Precepts Subject: ______________________________

Scripture Precepts Subject: ______________________________

Scripture Precepts Subject: ______________________

Scripture Precepts Subject: ______________________________

Scripture Precepts Subject: ______________________________

Scripture Precepts Subject: ______________________________

Scripture Precepts Subject: ______________________________

Scripture Precepts Subject: ______________________

Scripture Precepts Subject: ______________________________

Scripture Precepts Subject: ______________________________

Scripture Precepts Subject: ______________________________

Scripture Precepts Subject: ______________________

Scripture Precepts Subject: ____________________________

Scripture Precepts Subject: ______________________________

Scripture Precepts Subject: ______________________________

Scripture Precepts Subject: ______________________________

Scripture Precepts Subject: ______________________________

Scripture Precepts Subject: ______________________________

Scripture Precepts Subject: ______________________________

Scripture Precepts Subject: ______________________________

Scripture Precepts Subject: ______________________________

Scripture Precepts Subject: ______________________________

Scripture Precepts Subject: ______________________________

Scripture Precepts Subject: ______________________________

Scripture Precepts Subject: ______________________________

Scripture Precepts Subject: ______________________________

Scripture Precepts Subject: ______________________________

Scripture Precepts Subject: ______________________________

Scripture Precepts Subject: ______________________________

Scripture Precepts Subject: ______________________________

Scripture Precepts Subject: ______________________________

Scripture Precepts Subject: ______________________________

Scripture Precepts Subject: ______________________________

Scripture Precepts Subject: ______________________________

Scripture Precepts Subject: ______________________

Scripture Precepts Subject: ______________________________

Scripture Precepts Subject: ______________________________

Scripture Precepts Subject: ______________________

Scripture Precepts Subject: ______________________________

Scripture Precepts Subject: ______________________________

Scripture Precepts Subject: ______________________

Scripture Precepts Subject: ___________________________

Scripture Precepts Subject: ______________________________

Scripture Precepts Subject: ____________________

Scripture Precepts Subject: ______________________________

Scripture Precepts Subject: ______________________________

Scripture Precepts Subject: ______________________________

Scripture Precepts Subject: ______________________________

Scripture Precepts Subject: ______________________________

Scripture Precepts Subject: ______________________________

Scripture Precepts Subject: ______________________________

Scripture Precepts Subject: ______________________________

Scripture Precepts Subject: ______________________

Scripture Precepts Subject: ______________________________

Scripture Precepts Subject: ______________________________

Scripture Precepts Subject: ______________________________

Scripture Precepts Subject: ______________________________

Scripture Precepts Subject: ______________________________

Scripture Precepts Subject: ____________________________

Scripture Precepts Subject: ______________________________

Scripture Precepts Subject: ______________________________

Scripture Precepts Subject: ______________________________

Scripture Precepts Subject: ______________________________

Scripture Precepts Subject: ______________________________

Scripture Precepts Subject: ______________________________

Scripture Precepts Subject: ______________________________

Scripture Precepts Subject: ______________________________

Scripture Precepts Subject: ______________________________

Scripture Precepts Subject: ______________________________

Scripture Precepts Subject: ______________________________

Scripture Precepts Subject: ______________________________

Scripture Precepts Subject: ____________________________

Scripture Precepts Subject: ______________________________

Scripture Precepts Subject: ______________________________

Scripture Precepts Subject: ______________________________

Scripture Precepts Subject: ______________________________

Scripture Precepts Subject: ______________________

Scripture Precepts Subject: ______________________________

Scripture Precepts Subject: ______________________

Scripture Precepts Subject: ______________________________

Scripture Precepts Subject: ______________________________

Scripture Precepts Subject: ______________________________

Scripture Precepts Subject: ___________________________

Scripture Precepts Subject: ______________________________

Scripture Precepts Subject: ______________________

Scripture Precepts Subject: ______________________________

Scripture Precepts Subject: ______________________________

Scripture Precepts Subject: ______________________________

Scripture Precepts Subject: ______________________________

Scripture Precepts Subject: ______________________________

Scripture Precepts Subject: ______________________________

Scripture Precepts Subject: ______________________________

Scripture Precepts Subject: ______________________________

Scripture Precepts Subject: ______________________________

Scripture Precepts Subject: ______________________

Scripture Precepts Subject: ______________________________

Scripture Precepts Subject: ____________________________

Scripture Precepts Subject: ______________________________

Scripture Precepts Subject: ______________________________

Scripture Precepts Subject: ______________________________

Scripture Precepts Subject: ______________________________

Scripture Precepts Subject: ______________________________

Scripture Precepts Subject: ______________________________

Scripture Precepts Subject: ______________________________

Scripture Precepts Subject: ______________________________

Scripture Precepts Subject: ______________________________

Scripture Precepts Subject: ______________________________

Scripture Precepts Subject: ______________________________

Scripture Precepts Subject: ______________________________

Scripture Precepts Subject: ______________________________

Scripture Precepts Subject: ______________________________

Scripture Precepts Subject: ______________________________

Scripture Precepts Subject: ______________________________

Scripture Precepts Subject: ______________________________

Scripture Precepts Subject: ______________________________

Scripture Precepts Subject: ______________________________

Scripture Precepts Subject: ______________________________

Scripture Precepts Subject: ______________________________

Scripture Precepts Subject: ______________________________

Scripture Precepts Subject: ______________________

Scripture Precepts Subject: ______________________________

Scripture Precepts Subject: ____________________________

Scripture Precepts Subject: ______________________________

Scripture Precepts Subject: ______________________________

Scripture Precepts Subject: ______________________

Scripture Precepts Subject: ______________________________

Scripture Precepts Subject: ______________________________

Scripture Precepts Subject: ______________________________

Scripture Precepts Subject: ______________________________

Scripture Precepts Subject: ______________________________

Scripture Precepts Subject: ______________________________

Scripture Precepts Subject: ___________________________

Scripture Precepts Subject: ____________________________

Scripture Precepts Subject: ____________________________

Scripture Precepts Subject: ______________________________

Scripture Precepts Subject: ______________________________

Scripture Precepts Subject: ______________________________

Scripture Precepts Subject: ______________________________

Scripture Precepts Subject: ______________________________

Scripture Precepts Subject: ______________________________

Scripture Precepts Subject: ____________________________

Scripture Precepts Subject: ______________________________

Scripture Precepts Subject: ______________________________

Scripture Precepts Subject: ______________________________

Scripture Precepts Subject: ______________________________

Scripture Precepts Subject: ______________________________

Scripture Precepts Subject: ______________________________

www.ingramcontent.com/pod-product-compliance
Lightning Source LLC
Chambersburg PA
CBHW060332100426
42812CB00003B/971
* 9 7 8 1 7 3 3 1 4 8 1 9 1 *